MW00990937